W9-AVX-515

CIENCIA, TECNOLOGÍA,
INGENIERÍA Y MATEMÁTICA ¿TU FUTURO?

Un día de trabajo de un

ASTRÓNOMO

DAVID LEE

TRADUCIDO POR
ALBERTO JIMÉNEZ

PowerKiDS press.

Nueva York

Published in 2016 by The Rosen Publishing Group, Inc.
29 East 21st Street, New York, NY 10010

First Edition

Editor: Caitie McAneney
Book Design: Katelyn Heinle/Reann Nye
Translator: Alberto Jiménez

Photo Credits: Cover Stolk/Thinkstockphotos.com; cover, pp. 1, 3, 4, 6–12, 14–16, 18, 20, 22–24 (topographic vector design) Dancake/Shutterstock.com; p. 5 Valerio Pardi/Shutterstock.com; p. 7 Lester Lefkowitz/Iconica/Getty Images; p. 9 (Stephen Hawking) Ian Waldie/Getty Images Entertainment/Getty Images; p. 9 (background) Universal History Archive/Universal Images Group/Getty Images; p. 11 (Gran Telescopio) https://commons.wikimedia.org/wiki/File:Grantelescopio.jpg; p. 11 (Hobby-Eberly Telescope) https://commons.wikimedia.org/wiki/File:HET_Dome.jpg; p. 11 (Keck Telescopes) https://commons.wikimedia.org/wiki/File:KeckTelescopes-hi.png; p. 11 (Large Binocular Telescope) https://commons.wikimedia.org/wiki/File:Large_Binocular_Telescope_2.jpg; p. 11 (Subaru) https://commons.wikimedia.org/wiki/File:MaunaKea_Subaru.jpg; p. 11 (Paranal Observatory) https://commons.wikimedia.org/wiki/File:Paranal_top.jpg; p. 11 (Southern African Large Telescope) https://commons.wikimedia.org/wiki/File:Southern_African_Large_Telescope_720x576px.jpg; p. 13 (ATERUI) Makoto Shizugami/Center for Computational Astrophysics/National Astronomical Observatory of Japan; p. 13 (top) https://commons.wikimedia.org/wiki/File:European_Antennas_at_ALMA%27s_Operations_Support_Facility.jpg; p. 14 https://en.wikipedia.org/wiki/File:NASA_logo.svg; p. 15 https://commons.wikimedia.org/wiki/File:International_Space_Station_after_undocking_of_STS-132.jpg; p. 17 (top) Amp/Shutterstock.com; p. 17 (bottom) https://en.wikipedia.org/wiki/File:PIA16239_High-Resolution_Self-Portrait_by_Curiosity_Rover_Arm_Camera.jpg; p. 19 (top) Hero Images/Getty Images; p. 19 (bottom) sdecoret/Shutterstock.com; p. 21 Pavel L Photo and Video/Shutterstock.com; p. 22 jirawatfoto/Shutterstock.com.

Cataloging-in-Publication Data

Lee, David, 1990- author.
 Un día de trabajo de un astrónomo / David Lee, translated by Alberto Jiménez.
     pages cm. — (Ciencia, tecnología, ingeniería y matemática: ¿Tu futuro?)
 Includes index.
 ISBN 978-1-5081-4765-7 (pbk.)
 ISBN 978-1-5081-4744-2 (6 pack)
 ISBN 978-1-5081-4756-5 (library binding)
 1. Astronomy—Vocational guidance—Juvenile literature. 2. Astronomers—Juvenile litera-
ture. I. Title.
 QB51.5.L44 2016
 520—dc23

Manufactured in the United States of America

CPSIA Compliance Information: Batch #BW16PK: For Further Information contact Rosen Publishing, New York, New York at 1-800-237-9932

CONTENIDO

ESCRITO EN LAS ESTRELLAS

¿Al mirar el cielo de noche te preguntas qué habrá ahí fuera? ¿Intentas distinguir las constelaciones, esas figuras que forman las estrellas cuando les añadimos líneas que las unen? ¿Te interesa saber de qué está hecho el Universo? En tal caso te encantará la carrera de astronomía.

Los astrónomos observan el espacio para analizar los **astros** y sus movimientos. Si bien algunos se dedican a enseñar y otros trabajan en observatorios, todos aplican CTIM, es decir: Ciencia, **Tecnología**, Ingeniería y Matemática.

Algunos astrónomos pasan mucho tiempo analizando información e impartiendo enseñanzas, mientras que otros se dedican a observar el cosmos.

LA CIENCIA DEL UNIVERSO

Los astrónomos son expertos en astronomía, la ciencia que estudia los astros y el espacio exterior. Investigan de qué están hechos los cuerpos celestes, los cambios que sufren, y su influencia en lo que les rodea.

Hay dos clases principales de astrónomos: los **observacionales**, que se sirven de telescopios y otras tecnologías para trazar mapas de los cráteres lunares o analizar una **nebulosa**, por ejemplo, y los **teóricos**, que utilizan computadoras para hacer modelos de los astros y estudiar la evolución de los sistemas cósmicos, y así poder predecir lo que sucederá en el futuro.

PERISCOPIO CTIM

La física, rama de la ciencia que estudia la materia, la energía y la relación entre ambas, es muy útil para los astrónomos.

Con los datos que obtienen los astrónomos observacionales, los teóricos hacen **simulaciones** informáticas del movimiento de los astros, ¡o del propio Universo!

Casi todos los astrónomos se especializan en una rama u otra: los cosmólogos, en la formación y evolución del cosmos; los planetarios, en los planetas y sus fases (formación, crecimiento y transformación); los galácticos, en la galaxia en que vivimos, la Vía Láctea. Una galaxia es un conglomerado de gases, polvo cósmico y miles de millones de estrellas con multitud de sistemas solares; un sistema solar es un grupo de planetas que gira alrededor de un sol.

PERISCOPIO CTIM

Algunos astrónomos se especializan en astrometría, la medición de los astros y las distancias que los separan.

Stephen Hawking,
físico y cosmólogo,
alcanzó la fama por
sus **teorías** sobre
los agujeros negros
y la formación
del Universo.

TECNOLOGÍA ESPACIAL

En los primeros pasos de la astronomía solo era posible observar el firmamento mirando al cielo de noche, pero ahora los astrónomos disponen de potentes telescopios, tanto terrestres como espaciales. Los más grandes y potentes se encuentran en observatorios astronómicos. El telescopio más grande del mundo, el Telescopio Gigante de Magallanes, se está construyendo para el Observatorio Las Campanas, en Chile. Estará listo para el 2024 cuando posiblemente nos hará descubrir nuevos secretos del universo.

El Gran Telescopio de Canarias está ubicado en la zona más alta de la isla de La Palma, Islas Canarias, España. Empezó a funcionar en el 2009 y es el mayor telescopio en funcionamiento de la Tierra.

KECK 1 Y 2

Observatorios de Mauna Kea, Hawái, EE.UU.

GRAN TELESCOPIO SUDAFRICANO

Observatorio Astronómico de Sudáfrica, Provincia Septentrional del Cabo, Sudáfrica

TELESCOPIO HOBBY-EBERLY

Observatorio McDonald, Texas, EE.UU.

TELESCOPIO MUY GRANDE
(VLT, múltiple)
Observatorio Paranal, Región de Antofagasta, Chile

LOS TELESCOPIOS MÁS GRANDES Y PODEROSOS DEL MUNDO

TELESCOPIO SUBARU

Observatorios de Mauna Kea, Hawái, EE.UU.

GRAN TELESCOPIO DE CANARIAS

Observatorio del Roque de los Muchachos, Islas Canarias, España

GRAN TELESCOPIO BINOCULAR

Observatorio Internacional del Monte Graham, Arizona, EE.UU.

Los telescopios espaciales orbitan alrededor de la Tierra para enviar imágenes del espacio: ¡en Internet puedes ver las del Telescopio Espacial Hubble!

Las computadoras sirven para analizar estas imágenes y para simular qué sucederá en el Universo. Imagina que un astrónomo descubre un **asteroide** que se desplaza a toda velocidad: gracias a las computadoras averiguará su tamaño y simulará su trayectoria. En el caso de una estrella, la simulación permite prever sus futuros cambios.

PERISCOPIO CTIM

Las imágenes que envían los telescopios espaciales a las supercomputadoras sirven para comprobar las teorías sobre los fenómenos cósmicos.

El Observatorio Astronómico Nacional de Japón dispone de la supercomputadora llamada ATERUI que permitirá ampliar nuestros conocimientos sobre el cosmos.

INGENIERÍA AEROESPACIAL

Si te interesa la astronomía y también la ingeniería, puede que la carrera de ingeniero **aeroespacial** sea recomendable para ti. Los ingenieros aeronáuticos diseñan, construyen y prueban aeronaves, como aviones o helicópteros. Los ingenieros aeroespaciales diseñan **vehículos** como naves, transbordadores o estaciones espaciales. Deben conocer el Universo profundamente a fin de saber cuáles son los materiales más adecuados para sus proyectos, e idear nuevos sistemas de propulsión y comunicación.

PERISCOPIO CTIM

Ciertos ingenieros aeroespaciales trabajan en la NASA, siglas de *National Aeronautics and Space Administration*, organismo del gobierno estadounidense responsable del programa espacial y la investigación aeroespacial.

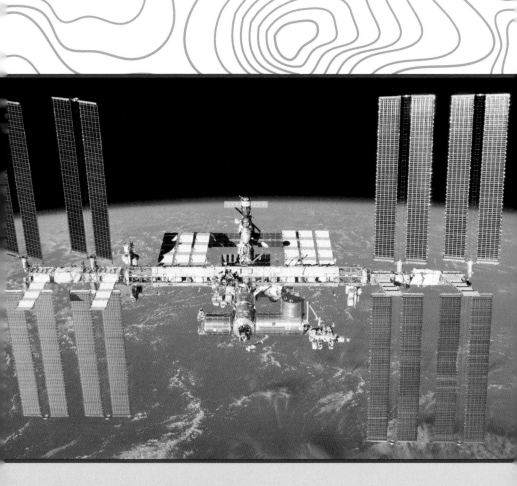

Muchos descubrimientos astronómicos proceden de la Estación Espacial Internacional, en cuyo laboratorio investigan ingenieros y científicos.

AVANCES AEROESPACIALES

Los astrónomos ayudan a los ingenieros a crear mejores naves y otros ingenios espaciales con sus conocimientos sobre las fuerzas y materias cósmicas. Por ejemplo, si un ingeniero quiere fabricar un vehículo no tripulado, como el Mars Rover, capaz de recorrer la superficie de Marte, debe conocer ese planeta lo mejor posible. Para ello, los astrónomos colaboran con los ingenieros proporcionándoles la información que necesitan.

Los vehículos no tripulados, conocidos también como *rovers*, son muy útiles para explorar planetas o astros similares. El rover *Curiosity* fue enviado a Marte en el 2011, para recolectar muestras de suelo y tomar fotos, que nos permitan conocer más acerca del planeta rojo.

PERISCOPIO CTIM

Aunque los astrónomos no diseñan ni construyen naves espaciales o telescopios, juegan un importante papel en su proceso de creación. A veces crean simulaciones de objetos y fenómenos espaciales con los que podría encontrarse una nave espacial.

En el futuro, los telescopios serán más potentes y captarán mejores imágenes, lo que facilitará enormemente el trabajo de los astrónomos.

Mars rover *Curiosity*

LA FUNCIÓN DE LAS MATEMÁTICAS

En cuanto obtienen los múltiples datos que proporciona la observación del espacio, los astrónomos se sirven de las matemáticas para calcular, por ejemplo, el tamaño de un asteroide, la distancia entre dos cuerpos celestes o la cantidad y el tipo de luz que emite una estrella.

Como otros científicos y matemáticos, los astrónomos utilizan **fórmulas** para demostrar la relación entre objetos y/o cantidades.

PERISCOPIO CTIM

La estadística, rama de las matemáticas que recopila y analiza datos numéricos, ayuda a los astrónomos a predecir acontecimientos futuros basándose en los pasados.

Los astrónomos comprueban con fórmulas sus teorías sobre la existencia de una estrella o la trayectoria de un asteroide.

UN DÍA DE TRABAJO

¿Qué hacen los astrónomos a diario? Depende de dónde trabajen. Algunos imparten clases en colegios y universidades. Si la universidad tiene un observatorio, posiblemente lo utilicen para hacer investigaciones y también sean responsables de su funcionamiento.

Los que trabajan en observatorios pasan de diez a treinta noches al año estudiando el espacio con la ayuda de enormes telescopios; el resto del tiempo analizan sus hallazgos, ¡y hacen descubrimientos importantes!

PERISCOPIO CTIM

Algunos astrónomos trabajan para el sector comercial o **industrias** privadas como compañías de ingeniería aeroespacial, donde llevan a cabo investigaciones muy importantes.

Algunos astrónomos trabajan en
planetarios, edificios provistos
de una cúpula en cuyo interior se
proyectan imágenes del sistema solar
o recreaciones del cosmos. ¡No dejes
de visitar alguno!

CON LOS OJOS EN EL CIELO

Aunque el Universo oculte misterios que quizá nunca desvelemos, los astrónomos trabajan sin cesar para dar respuesta a los fenómenos cósmicos. ¿Cómo puedes llegar a ser astrónomo? Necesitas al menos cuatro años para licenciarte en Física o Astronomía. Luego es habitual cursar algún máster o seguir estudiando para obtener un doctorado.

Si te interesa la astronomía, pon mucha atención en las clases de Matemática y Ciencias, ¡y no dejes de observar el firmamento!

GLOSARIO

aeroespacial: Relacionado con la atmósfera terrestre y el espacio exterior.

asteroide: Cuerpo celeste más pequeño que un planeta que gira alrededor del Sol.

astro: Cada uno de los cuerpos celestes.

fórmula: Hecho o regla general que se expresa en letras o símbolos.

industria: Un grupo de negocios que proporciona cierto producto o servicio.

nebulosa: Nube de gases y polvo cósmico.

observacional: Fundado en la observación.

simulación: Representación informática de un proceso.

tecnología: Conjunto de conocimientos y medios técnicos aplicados al desarrollo de una actividad.

teoría: Idea que intenta explicar algo.

teórico: De la teoría o relativo a ella; aún no probado por la experiencia.

vehículo: Objeto que se mueve por el suelo, agua o aire y sirve para transportar personas o cosas.

ÍNDICE

SITIOS DE INTERNET

Debido a que los enlaces de Internet cambian a menudo, PowerKids Press ha creado una lista en línea de los sitios Internet que tratan sobre el tema de este libro. Este sitio se actualiza con regularidad. Por favor, usa este enlace para ver la lista: www.powerkidslinks.com/ssc/astro